Este libro obtuvo, en 1995, el Primer Premio

como la mejor Publicación hecha para un museo

del continente americano, que otorga la American Association of Museums, y cuyo jurado seleccionó entre mil cincuenta publicaciones.

COLECCIÓN USO Y ESTILO

Museo Franz Mayer ❧ *Artes de México*

REBOZOS
DE LA COLECCIÓN
ROBERT EVERTS

Irène Logan

Ruth Lechuga

Teresa Castelló Yturbide

Irmgard Weitlaner Johnson

Chloë Sayer

Museo Franz Mayer · Artes de México

REBOZOS DE LA COLECCIÓN ROBERT EVERTS
es el primer título de la *Colección
Uso y Estilo*, coeditada por
el Museo Franz Mayer y
Artes de México

EDICIÓN
Héctor Rivero Borrell M.
Margarita de Orellana
Roberto Tejada

DISEÑO
Leticia Fierro

FOTOGRAFÍA
Michel Zabé

ASESORÍA EN DISEÑO
Mónica Puigferrat
Luis Rodríguez

CORRECCIÓN
Magali Tercero
Sandra Luna

EDICIÓN EN INGLÉS
Susan Briante

TRADUCCIÓN
Pedro González
Lorna Scott Fox

© 1994, 1ª Edición
© 1997, 2ª Edición
  Museo Franz Mayer
  Artes de México
ISBN 968-6533-55-9
Impreso en México
por Reproducciones
Fotomecánicas S.A. de C.V.

ARTES DE MÉXICO
Plaza Río de Janeiro 52,
Colonia Roma
México D.F., C.P. 06700
Tel. 525 40 36, 525 59 05

MUSEO FRANZ MAYER
Avenida Hidalgo 45,
Plaza de la Santa Veracruz,
México D.F.
Tel. 518 22 68, 518 22 69

ÍNDICE

uizá uno de los mayores logros de Franz Mayer, en su faceta de coleccionista, sea el de haber adquirido en el extranjero una gran cantidad de objetos artísticos que incorporó al acervo cultural de nuestro país y, muy especialmente, aquellas obras mexicanas que en otros tiempos, por muy diversas razones, dejaron estas tierras. De acuerdo con esa causa encomiable, el Patronato que gobierna el legado de Franz Mayer autorizó en el pasado a nuestro Director Fundador a adquirir un biombo mexicano que entonces se hallaba fuera de sus fronteras, y que es, por sus características formales, una obra maestra de las artes aplicadas mexicanas. Se establecieron así ciertas líneas que irían conformando la política de adquisiciones de la institución.

Ahora, al inicio de un nuevo proyecto que nos suma al prestigio editorial de *Artes de México*, damos a conocer una magnífica colección de rebozos antiguos que adquirió el museo y que formaba parte de la colección de Robert Everts, diplomático en funciones en México a principios de este siglo que la llevó consigo a Europa, en donde se conservaba hasta nuestros días.

Agradecemos a la señora Irène Logan, hija del embajador Everts y heredera de las colecciones de su padre, su dedicación a ellas en cumplimiento de otra importante tarea del coleccionista: la de conservar y documentar las obras bajo su custodia; al licenciado Raúl Ortiz y Ortiz, agregado cultural de México en Londres, quien fungió como enlace para que el museo realizara tan importante adquisición; al Museo Británico representado por la doctora Elizabeth Carmichael, que cedió al Museo Franz Mayer la primacía para adquirir los textiles, y a las expertas colaboradoras de esta publicación que desinteresadamente aportaron sus conocimientos para la justa apreciación de los rebozos.

HÉCTOR RIVERO BORRELL M.

Eduardo Pingret (1788-1875).
India frutera.
Óleo/papel, 40 x 29 cm.
Colección Banamex.

Irène Logan ROBERT EVERTS COLECCIONISTA

E n 1902 un joven diplomático, Robert Everts, fue enviado a la legación belga en la ciudad de México. Tenía sólo 26 años y los cuatro que habría de pasar en México dejarían en él una impresión permanente. La pequeña legación belga tenía la fortuna de contar, como ministro, con el vizconde de Beughem, gran conocedor de las artes aplicadas de México. La influencia de Beughem debe haber estimulado al joven Everts, mi padre, porque pronto empezó a coleccionar objetos, en su mayoría de estilo colonial, que encontraba en el mercado. En esa época esas piezas eran poco valoradas, por lo que su costo no era alto. Everts llegó a apreciarlas mucho y su juicio evolucionó a medida que crecía su colección.

Siempre estuvo interesado en los textiles y formó, con gran acierto, una colección de 21 rebozos. Entre ellos había algunos del siglo XVIII, pero ninguno de fecha posterior al siglo XIX. La mayoría eran de seda, algunos de algodón y todos, salvo tres, de tejido *ikat*, difícil estilo artesanal que aún se practica en México. Cuando adquirió el rebozo que llamó "el Tolsá" —por el bordado a color con el nombre de Ignacia Tolsá que llevaba en el fleco blanco— supo que era "el mejor que podía encontrarse en ese entonces", un rebozo "como de plumas", según escribió en una carta. Desafortunadamente el rebozo Tolsá es uno de los tres que faltan actualmente en la colección. Además, compró sarapes, ornamentos de cuentas, pares de fajas estrechas tejidas con hilo de oro y de plata, a las que llamó "jarnetelles" (jarreteras), así como muchas piezas de Talavera de Puebla, de La Granja, vidrio con

Robert Everts (1875-1942) dibujado por su esposa, Alexandra Conmène. Ca. 1913.

pintura dorada, jarrones para pulque y varias piezas de plata colonial. Era tan conocida su colección de ornamentos religiosos bordados que el importante comerciante de apellido Duveen intentó, durante una visita a México, persuadirlo de que le vendiera uno de sus juegos. Everts también compró algunos muebles, que en su mayoría no conservó. Sin embargo, aún tenemos dos baúles excelentes, el primero con tres enormes cerraduras y llaves, todas distintas, y el otro más pequeño tallado con vides y uvas sobre un fondo rojo pálido. Destacan en su notable colección de piezas de hierro forjado varias cerraduras y espadas y, en particular, un juego completo de equipo ecuestre que incluye espuelas del siglo XVI, con puntas extraordinariamente largas y grandes estribos decorados con plata. Durante la guerra de 1914-1918, etapa en que fue enviado a Beijing, prestó toda su colección a un museo de Bruselas, donde fue muy apreciada.

Mi padre viajó extensamente por México, a menudo a lomo de mula. Hizo recorridos, en misión oficial, por Nuevo León, Durango, Chihuahua, Sonora, Baja California, Nayarit, Jalisco, Veracruz, Colima y Guerrero. En ocasiones viajó por su cuenta a lugares como Puebla, Jalapa y el lago de Chapala. Se enamoró de México y conservó ese amor toda la vida. Pertenecía a una familia acomodada, así que seguramente gastó todo su ingreso adicional en los innumerables artefactos que adquirió. Cuando fue trasladado de nuevo a Rumania, a París, dos veces a Beijing, a Berlín y a Madrid, se llevó consigo sus tesoros mexicanos y mandó hacer tres grandes vitrinas para las piezas de hierro forjado. Además exhibía otro tipo de objetos, pero nunca los textiles, que siempre mantuvo bajo llave. Esto da cuenta de su excelente condición. Más tarde, en 1932, cuando fungía como embajador belga en Madrid, su colega mexicano, Genaro Estrada, conoció la colección, la cual mencionaría con entusiasmo en artículos publicados en *Revista de Revistas*, en octubre y noviembre de 1935. Durante su estancia en China Robert Everts había incorporado una gran cantidad de objetos, entre ellos numerosos textiles, tapices de seda, llamados *kessu*, de todas las épocas.

Consciente de su apego a las colecciones mexicanas, me encargué de ellas después de su muerte, en 1942. Fue un gusto saber que el prestigioso Museo Franz Mayer se mostraba interesado en su herencia, pues la estancia de mi padre en México coincidió con la de Franz Mayer, que también tenía un gran amor por las artes aplicadas. Me alegra que los preciados tesoros de mi padre hayan encontrado una buena casa en donde permanecerán debidamente conservados. Por otra parte, saber que los amantes del arte textil conocerán estos rebozos como parte de la Colección Robert Everts me hace sentir que ahora la labor de mi padre cobra una nueva vida.

Ruth Lechuga

ANTECEDENTES INDÍGENAS DEL REBOZO

l rebozo —una tela larga y angosta con anudados y flecos en cada extremo— tiene dos expresiones que subsisten hoy, principalmente en el mundo indígena: el clásico y el indígena regional.

EL REBOZO INDÍGENA REGIONAL

Son extraordinarios los rebozos que trabajan las purépechas de Paracho, Michoacán. Van listados en dos tonos de azul con los flecos de artisela de dos colores, formando dibujos que producen un efecto parecido al del arte plumario, de donde probablemente provienen: los intrincados rapacejos del pueblo zapoteco de Yaganiza, Oaxaca; los triángulos anudados en formas de animales y estrellas que elaboran las otomíes de Dongú, Estado de México y de Santa Anita Zacuala, Hidalgo, así como los bordados en los rebozos de lana, teñidos con tintes naturales por las nahuas de Hueyapan, Puebla, entre otros muchos.

EL REBOZO CLÁSICO

El rebozo clásico se hace de algodón, seda o artisela y su dibujo jaspeado se logra por medio del *ikat*, una antigua técnica que emplea un tinte de reserva.

Hasta la fecha no se han encontrado telas prehispánicas teñidas con la técnica conocida como el *ikat*. Sin embargo, Irmgard Weitlaner Johnson ha señalado que en el Códice Mendocino se representan unas

Códice Boturini o Tira de la Peregrinación. Sacerdotes seguidos por una mujer, el primero lleva a Huitzilopochtli, de la misma manera en que se lleva hoy a los niños en el rebozo.

mantas ofrecidas como tributo. Éstas parecen estar hechas con esta variedad de tinte de reserva (p. 14). El texto alude a "400 cargas de mantillas de enequén labradas y vetadas de colorado y blanco y negro". Este pasaje hace referencia a los territorios otomíes, matlatzincas y ocuiltecos, y a las zonas de Toluca y Malinalco. Se sabe que las otomíes eran especialmente diestras en todo tipo de tejidos, sobre todo en el tejido de ixtle, que en el siglo XVI se solía llamar henequén.

Sahagún también cantó las dotes de estas mujeres para trabajar las mantas, naguas y huipiles. "Todas ellas labraban lo dicho, de hilo de maguey que sacaban y beneficiaban de las pencas". De hecho, hasta mediados de este siglo las otomíes del Mezquital de Hidalgo y de la zona de Tolimán, Querétaro, tejían fajas y quechquémitls con la técnica del *ikat*, además de hilar y tejer ixtle para hacer ayates.

Actualmente los rebozos se confeccionan en centros especializados como Tenancingo, Estado de México; Santa María del Río, San Luis Potosí y otros lugares de menor importancia como Tejupilco, Estado de México; Zamora y Tangancícuaro, Michoacán; Chilapa, Guerrero y Moroleón, Guanajuato, y se venden en todos los tianguis de México, principalmente en los indígenas.

Es de notarse que casi todos los lugares mencionados se localizan en áreas indígenas: Tenancingo y Tejupilco fueron matlatzincas, Santa María otomí, Chilapa está rodeado de pueblos nahuas y Tangancícuaro es purépecha. Hasta mediados del siglo XX se hacían también rebozos en la ciudad de Oaxaca, situada en medio de poblaciones zapotecas.

Códice Mendocino. Tributo de mantillas que dan la impresión de estar hechas con la técnica del ikat.

LOS AYATES

No se puede asegurar la existencia del rebozo, tal como se usa actualmente, en el México prehispánico. En varios documentos del siglo XVI se encuentra constancia de lienzos utilizados para transportar toda clase de objetos. En los códices Vaticano-Ríos y Telleriano-Remensis —en los que se describe la peregrinación de las siete tribus, entre ellas la mexica, desde las legendarias cuevas de Chicomostoc— aparecen hombres cargando bultos envueltos en lienzos de tela (p. 15). En el Códice Boturini o Tira de la Peregrinación, donde se narra la salida de los mexicas de Aztlán, hay tres sacerdotes seguidos por una mujer (p. 12). Todos llevan en la espalda unos fardos envueltos en lienzos. El primer sacerdote sostiene a Huitzilopochtli, dios de la guerra, de la misma manera en que las mujeres cargan hoy a sus hijos con el rebozo.

Códice Telleriano-Remensis.
Los cazadores llevan a la espalda
bultos con las aves flechadas;
las huellas representan
el viaje que realizaban.

En su *Historia de las Indias de Nueva España y Islas de Tierra Firme*, fray Diego Durán describe la apertura de las esclusas que conducían el agua a México (p. 16). En el mismo pasaje dibuja a tres sacerdotes que cargan sus bultos al lado del torrente, el primero vestido como la diosa del agua. De ahí que estos lienzos de tela, empleados para cargar, podrían considerarse como una versión prehispánica del rebozo. Sin embargo, resulta curioso que sean hombres quienes portan esos lienzos, puesto que desde el Virreinato y hasta la fecha son las mujeres quienes los usan. Tal vez se trate de ayates: mantos de ixtle compuestos por dos lienzos usados por hombres y mujeres desde la época prehispánica.

Página siguiente:
Códice Mendocino. La novia lleva puesto un manto y la amanteca que la carga lleva otro alargado.

Historia de las Indias de Nueva España y Islas de Tierra Firme, *de fray Diego Durán. El primero de los tres sacerdotes está vestido como la Diosa del Agua.*

EL MAMATL Y EL ALGODÓN COYUCHI

Un caso distinto aparece en la boda del Códice Mendocino (p. 17): una amanteca que era médica lleva a cuestas a una novia usando un lienzo alargado y rectangular. La novia lleva un lienzo similar sobre la cabeza. Este lienzo nos recuerda al *mamatl* de la región de Cuetzalan, Puebla, tejido en telar de cintura. A lo largo de ambos bordes tiene bandas de algodón *coyuchi*, mientras que en el centro lleva una franja de algodón blanco. El *coyuchi* es una variedad de algodón pardo que existe sólo en América y que era muy apreciado por las diferentes culturas prehispánicas y lo es también hoy. Gracias al Códice Mendocino, sabemos que el algodón *coyuchi* se entregaba como tributo a los mexicas: "400 fardos de algodón, todo leonado". Por los antecedentes enumerados, se puede deducir que en algún momento del Virreinato se aplicó una técnica, probablemente anterior a la Conquista, a lienzos que ya se usaban en el México prehispánico, y quizá así nació el rebozo como hoy lo conocemos.

A pesar de que abundan los flecos de diferentes tipo anteriores a la colonia, como lo muestra, por ejemplo, el Códice Nuttall, es probable que éstos hayan sido incorporados paulatinamente al rebozo. El rapacejo era muy pequeño en el pasado y empezó a crecer considerablemente hasta el siglo xx. El rapacejo es quizá un agregado a las telas del rebozo y probablemente se trata de una aportación mestiza.

Teresa Castelló Yturbide # EL REBOZO DURANTE EL VIRREINATO

l rebozo, prenda mexicana por excelencia, es mencionado por vez primera por el dominico fray Diego Durán, en 1572. Don Vasco de Quiroga, obispo de Michoacán de 1537 a 1565, dictó unas ordenanzas para los hospitales, en las que exigía a las mujeres "que traigan tocas blancas de algodón, con que cubran la cabeza y lo demás del cuerpo sobre las otras vestiduras que suelen traer". Disposiciones semejantes quizá hayan existido en otros lugares, porque Henry Hawks, mercader inglés, dice en 1572, que la mujer indígena se tapaba "con una manta muy fina que la cubría de la cabeza hasta media pierna", y también cuenta que al visitar el Puerto de Natividad vio entre las mercaderías orientales que llegaban en la Nao "varios tejidos de seda y otros de plata y oro maravillosos de ver".

Por esas fechas se producía seda en Oaxaca y los rebozos se tejían con trama de algodón; más tarde se le incorporaron hilos metálicos. En cuanto al color, aprovechando los tintes naturales prehispánicos de la cochinilla y el añil, entre otros, se aplicó la técnica del *ikat*.

El virrey Luis de Velasco estableció telares en Texcoco en 1592. La Real Audiencia dictó ordenanzas para los tejedores, pero no incluían a los indios "para que libremente pudieran hacer sus tejidos sin cuenta, ni reglas y no impedirles el modo de buscar su mantenimiento". Las mujeres tejían en el telar de cintura prehispánico, y los hombres en el de pedales introducido por los españoles.

Todos los rebozos que aparecen en este libro pertenecen a la Colección Robert Everts.

UN PAÑO DE REBOZO

Entre 1603 y 1607, Ana Mejía, la mujer del virrey Juan de Mendoza y Luna, marqués de Montesclaros, regaló a la hija de su recamarera, en ocasión de su entrada al convento, "un paño de rebozo de Sultepec, azul y blanco". Era una de las prendas que debía llevar una novicia para tomar el hábito, como consta en los requisitos señalados por las concepcionistas de Regina Coeli. Sultepec era un pueblo otomí conocido por sus textiles.

En un inventario de bienes de religiosas difuntas aparece un "paño de rebozar" que perteneció a sor Inés de la Asunción, del Convento de la Encarnación, en 1682, y otro de sor Leonor de San Juan en 1687, "que no pudo venderse por viejo".

Hacia 1688, la escultura de un Nazareno fue colocada en la iglesia del convento de Santa Catarina de Siena. Cuenta la leyenda que, al enfermarse una religiosa devota suya, el Señor la visitó. De regreso a la iglesia al cruzar el patio llovía tanto que la religiosa le cubrió la cabeza con el rebozo para que no se mojara.

Al día siguiente, las religiosas encontraron la imagen cubierta con el rebozo de la monja enferma. Esto dio origen al nombre del Señor del Rebozo, que se venera el primer viernes de cuaresma en la iglesia de Santo Domingo.

Entre los documentos del Archivo Notarial de Zacatecas se menciona que, en 1694, un rebozo de oro y seda de La Barca se valuó en 47 pesos; y dos rebozos, uno azul y otro *coapaxtle*, en nueve pesos.

Durante el siglo XVIII el rebozo alcanzó su máxima calidad, lo cual se debió en gran medida a que la Real Audiencia intervino, en

1757, con ordenanzas precisas para su elaboración, que en 1775 fueron confirmadas por el marqués de Cruillas. En ellas se dictan tamaño, tejido, clase de hilo y diseños.

El virrey, segundo conde de Revillagigedo, dejó en 1794 a su sucesor, el marqués de Branciforte, una instrucción secreta en la que habla del rebozo: "Son una prenda del vestuario de las mujeres, lo llevan sin exceptuar ni aun las monjas, las señoras más principales y ricas y hasta las más pobres del bajo pueblo". Branciforte, a su vez, dio nuevas ordenanzas para el tejido del rebozo en lo que concierne a la mezcla de seda y algodón en 1796.

En 1784, un rebozo de nácar y oro de la condesa de San Bartolomé de Xala fue valuado en 20 pesos. Sin embargo, las damas de la nobleza, no satisfechas con el lujo del tejido y los materiales, influidas por el barroquismo de la época y las chalinas de seda cubiertas de flores bordadas que llegaron de China, decidieron enriquecer los rebozos con paisajes y conmemoraciones pintando con agujas y sedas escenas costumbristas. Ellas mismas llegaron a bordar algunos, pero la mayoría fueron hechos por profesionales, pues el virrey Antonio de Mendoza dictó en 1546 la ordenanza estableciendo que el artesano debía ser examinado por los veedores para poder ejercer el oficio. La patrona de ese gremio era la Virgen de las Angustias, que se veneraba en el Hospital del Amor de Dios.

Por su disposición, se ve que estos rebozos de paisajes fueron tejidos dejando espacios libres entre los listados para decorarlos con bordados con diferentes temas. Son varios los que se conservan en la ciudad de México y se conocen por los nombres tradicionales que les

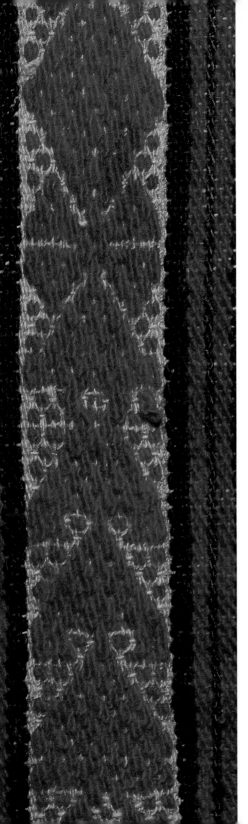

dieron sus dueños. A estos rebozos de paisaje se sumaría otro adquirido por el Franz Mayer, el de la India Cacique, que lleva en el centro un escudo alegórico de la unión de México y la Nueva España y que pudo haber pertenecido a una princesa india casada con un noble español. Todos estos rebozos pudieron haberse tejido en Sultepec, donde fungía como cacique, en 1573, Diego Cortés Chimalpopoca. Ahí se conservó la tradición del tejido hasta el siglo XIX.

De los rebozos restantes que forman parte de la colección Everts, sería aventurado asegurar el origen de cada uno, pero sí podemos mencionar algunos centros reboceros, cuyos nombres aparecen en los testamentos conservados en los Archivos de Notarías, junto con los nombres de los diseños con los que se les conocía. En el de Morelia aparecen, en 1768, rebozos salomónicos antiguos, negros con flecos de plata; uno poblano fino, otro corriente, un rebozo de la sierra, un rebozo mexicano, otro sultepequeño todo de seda y otro corriente de Ozumba.

En el Estado de México fueron también famosos los de Tenancingo, Tuxtepec, Xilotepec, Tejupilco y Calimaya, pueblo que se distinguió por la finura de sus empuntados, Santa María del Río en San Luis Potosí, Zamora en Michoacán, Tulancingo, Acaxochitlán y Zimapán en Hidalgo, y Chilapa en Guerrero. En Puebla, hacia 1789, había en esa ciudad 200 telares de rebozos, siendo famosos los dorados y los de tafetán. En Coahuila se tejían en Saltillo, al estilo de los sarapes, con dibujos de dientes de sierra.

Hacia finales del siglo XVIII el rebozo se había establecido como prenda indispensable y arte tradicional de México.

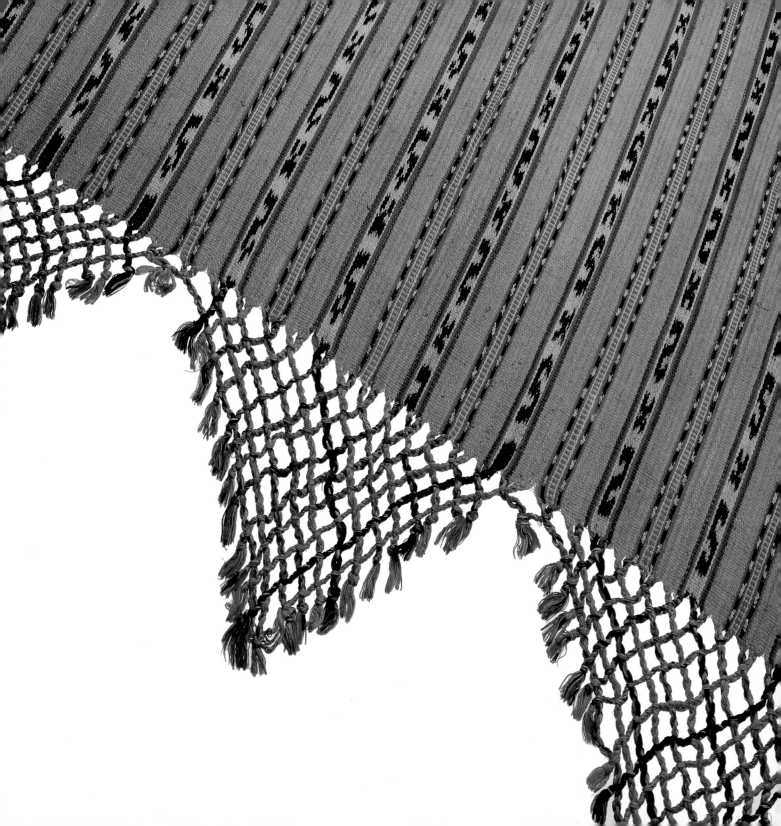

Irmgard Weitlaner Johnson AMARRES, TEXTURAS Y FLECOS: TÉCNICAS DEL REBOZO

Los magníficos rebozos que forman parte de la Colección Robert Everts fueron tejidos en telar de cintura. Este sencillo artefacto para tejer se ha utilizado en Mesoamérica desde la época prehispánica. El tejido básico representa un tipo sencillo de ligamento de cara de urdimbre. Entre los materiales empleados destacan la seda finamente hilada, los hilos blancos y pardos de algodón coyuchi, y los hilos de oro y plata. Se utilizaron muchas técnicas para crear una diversidad de elementos ornamentales, a saber, listas de urdimbre y de trama, urdimbre teñida en reserva o *ikat*, bordados, flecos anudados y trenzados, y borlas. Los motivos bordados se trabajaban en variaciones de la punto de hilván, punto atrás y punto de satén. El bordado se hacía sobre el tejido de fondo de algodón con hilos de seda y de plata. Se introducían distintos colores para embellecer estos finos chales antiguos: azules índigo, amarillos, verdes, rojos de cochinilla, rosas, pardos, negro, beige y café de coyuchi, naranja y morado. Su intensidad y calidad se han conservado extraordinariamente bien. No hay dos rebozos iguales.

Varios de los rebozos de esta colección son únicos en su género, datan del período colonial; dos son de mediados del siglo XVIII. Un rebozo antiguo extraordinario, bordado en seda, (p. 26), que data aproximadamente de 1750 y aún se encuentra en excelente condición. Otro rebozo excepcional, (p. 29), fechado alrededor de 1760, está tejido en bandas de hilo de oro y sedas de colores. Estos dos ejemplares antiguos no muestran diseños con patrones de *ikat*.[1] El resto de los rebozos de la colección son probablemente del siglo XIX.

Rebozo colonial bordado en seda. Ca. 1750.

Los tamaños de estos tejidos hechos en telar de cintura varían. El más largo, fabricado con seda y algodón fino, mide 2.41 m, mientras que el más corto, hecho de seda fina, mide 1.98 m de largo. El largo promedio es de aproximadamente 2.17 m; estas medidas no incluyen el largo del fleco. Los anchos van de 63.5 cm a 82.5 cm, con un promedio de alrededor de 74.7 cm.

Todos los rebozos, salvo dos, tienen un patrón basado en el proceso de *ikat* de urdimbre. Dos fueron ornamentados con motivos bordados, ordenados dentro de grupos de listas de urdimbre o dentro de los cuadros de patrones tejidos de tipo escocés (p. 40). Las bandas anchas del rebozo de la página 26 están bordadas con escenas de figuras ataviadas con trajes de la época de Luis XV, están limitadas a lo largo por unidades de listas que muestran motivos geométricos, que pudieron haber sido una versión bordada de un patrón *ikat* tradicional de figuras de barras en forma de V escalonadas. El rebozo (p. 29), de 1760, está tejido en bandas de color liso o listas de urdimbre, "con hilo de oro y seda roja y rosa". [2]

IKAT

Hay tres variantes de hilo teñido en reserva o técnica *ikat*: urdimbre teñida con amarres, trama teñida con amarres y urdimbre-trama teñida con amarres (doble *ikat*). En México se ha practicado únicamente el método de urdimbre teñida con amarres.

El *ikat* es un proceso para el teñido parcial del hilo de urdimbre decorado antes de que se ajuste sobre el telar para ser convertido en

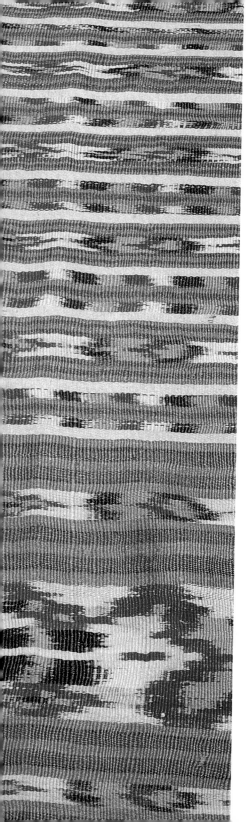

tela. La palabra *ikat* ("mengikat") es de origen malayo y significa "atar, amarrar, anudar o enrollar". En México y en Guatemala este método se conoce como hilo de jaspe o jaspeado. Este proceso, en el que aquellas partes del hilo utilizadas para el tejido serán "reservadas" (para conservar el color original del hilo), se realiza amarrando o atando apretadamente un juego de urdimbres previamente determinado con cordón (de ixtle o algodón), con lo que se protegen de la penetración del tinte.[3]

Los textiles decorados de acuerdo con el método *ikat* pueden reconocerse por el hecho de que los colores penetran uno en el otro. Esta apariencia típica del tejido ik*at* se debe a que el tinte colorea ligeramente los bordes de las áreas reservadas y produce así los característicos perfiles borrosos.

La apariencia de un diseño de *ikat* depende en gran medida del tejido. El patrón se aprecia de manera más clara cuando las tramas de colores lisos permanecen enteramente cubiertas, como en el caso del ligamento de tafetán de los rebozos,[4] en el cual los hilos de la urdimbre sobrepasan a los hilos de la trama.

El primer paso que debe darse antes de aplicar la reserva es el urdido de los hilos, para estar listos al armar el telar. Esto produce una madeja de hilo que tiene la longitud deseada de la prenda y contiene tantos hilos como requiera el ancho de la tela. La madeja resultante se divide a continuación en varios grupos de urdimbres que se conocen como juegos (unidades de patrones distintos). Estos juegos se tiñen por separado.[5] El tejedor o la tejedora prepara tantos juegos como sean necesarios para los diferentes anchos de listas de patrón para los textiles

que va a tejer. Por lo general, el diseño de listas de *ikat* se alterna con listas de urdimbre de colores lisos.[6]

En la técnica del *ikat*, el diseño se ejecuta casi siempre de memoria, debido a que los motivos son usualmente tradicionales. Primero se protegen aquellas partes que han de conservar el color natural de la fibra; a continuación, las partes de la urdimbre que han de ser teñidas con otros colores. Cada amarre se realiza con pedazos cortos de ixtle o hilo de algodón, enrollado alrededor de los hilos de urdimbre y anudados para resistir el baño de tintura. Por ejemplo, tres de los rebozos (pp. 35, 42, 43) están decorados con azul índigo sobre un tejido de fondo blanco, que indican que el juego de hilos sólo fue amarrado y teñido una vez. Otro rebozo (p. 32) muestra juegos de urdimbre con sólo dos colores de teñido de *ikat* (amarillo y verde), además del color natural del tejido de fondo de seda. Un ejemplo adicional de una lista de *ikat* de dos colores tiene una combinación vertical de amarillo y color rojo vino (p. 36). De manera similar, las reservas aplicadas a las partes que han de ser teñidas de un tercer color se atan por separado. Uno de los rebozos (p. 38) ilustra un complicado motivo de reserva en tres colores: juegos de hilos de seda se tiñen siguiendo una secuencia de cochinilla-amarillo-cochinilla-blanco-azul-amarillo-cochinilla y blanco.

Después de terminar el proceso de teñido, los juegos de urdimbre se retiran del baño y se dejan secar. A continuación, se quitan los amarres, dejando las áreas reservadas del color de los hilos originales y las áreas no protegidas teñidas en el color planeado.

No hay pruebas directas de la existencia en Mesoamérica de la técnica del teñido de hilos con amarres o *ikat* en la época prehispánica.

Sin embargo, sí las hay de la presencia del método de *batik* o reserva de cera, como se muestra en una tela de algodón procedente de la cueva de Chiptic que se encuentra en la zona maya.[7] Más aún, dos ejemplares antiguos de la técnica de *plangi* (tela de teñido en reserva) fueron hallados en una cueva en la región de Tehuacán, Puebla.[8] Por lo tanto, no resulta improbable que el método *ikat* de decoración en reserva fuera conocido en Mesoamérica.

FLECOS O RAPACEJOS

Todos los rebozos muestran una característica decorativa adicional; a saber, el trabajo de fleco trenzado o anudado. Se utilizaron distintos tipos para crear una variedad de efectos notables. Algunos representan acabados sencillos y cortos, otros extraordinariamente elaborados. Ninguno es tan amplio ni tan profundo como los flecos actuales (rapacejos).[9] Los flecos de los rebozos de la Colección Everts alcanzan de 5 cm a 13.5 cm de longitud, con un promedio de 9.9 cm.

Los flecos sencillos muestran una hilera de extremos de urdimbres agrupadas que se reúnen y anudan a lo largo de los bordes de la tela; los extremos cortos no se anudan y caen sueltos.

Otro tipo muestra extremos de la urdimbre trabajados en trenzas de tres hebras que posteriormente forman hileras de triángulos. Se obtiene una malla en forma de red al cruzarse los pares adyacentes de trenzas unos sobre otros, de tal manera que una de las trenzas (la izquierda) atraviesa la segunda hebra (la derecha); no están anudadas. Cuatro de los rebozos muestran este método (pp. 31, 40, 45). Desafortunadamente su disposición original ha quedado muy dañada.

Una variante de lo anterior tiene los extremos de la urdimbre retorcidos para formar cordones, que luego se trabajan para obtener una serie de triángulos. Los dos cordones adyacentes trabajan de manera conjunta: el cordón izquierdo pasa a través del cordón derecho para formar una red de malla pequeña. El rebozo (p. 35) que se encuentra en buen estado, está ribeteado por un fleco de trama tejido por separado; sus cinco triángulos hermosamente trabajados muestran áreas teñidas en partes con color azul y en partes con color blanco. También aparecen flecos de trama en otros rebozos de la colección.

Varios de los rebozos, todos con flecos compuestos de triángulos, muestran una combinación excepcional: a saber, elementos aparejados que consisten en un cordón retorcido y una trenza de tres hebras. La primera pasa a través de la segunda para crear un tejido de fondo de red de malla abierta (pp. 25, 43, 44).

El antiguo rebozo bordado de seda tiene un fleco poco común, compuesto por trenzas planas de tres hebras dispuestas en triángulos de trabajo de enrejado; en los puntos en donde se unen dos trenzas se encuentran adornos de pedazos de hiladillo de seda coloreada (p. 47).

Algunos de los rebozos tienen flecos relativamente profundos que muestran bandas horizontales formadas por hileras de nudos (nudo de vuelta de cabo) que crean una malla bastante cerrada. Los

hilos de urdimbre teñidos mediante el *ikat* produce un diseño listado secundario en el fleco (pp. 30, 33). Uno de los ejemplares fue realizado para darle un efecto diagonal al diseño y al color (p. 37).

Otro de los chales antiguos difiere de todos los demás en que tiene un fleco de trama de seda, de 7 cm de profundidad, tejido por separado cosido en ambas orillas. Las hebras de seda se disponen en bloques con una secuencia de colores azul-amarillo-rosa (p. 29).[10]

Finalmente, hay tres bellos flecos elaborados para formar hileras de triángulos, realizados mediante una combinación de cordones trenzados y retorcidos para formar un tejido de fondo, de red de malla abierta, para la *appliqué* de hiladillo de seda coloreado. Otros ejemplos de triángulos anudados sirven de fondo como *appliqué* de seda de colores para crear diseños con motivos florales, animales y geométricos. Se colocan borlas decorativas a lo largo de los bordes exteriores (pp. 32, 36). El método de *appliqué* puede representar una imitación del antiguo trabajo con plumas.

Esta colección de extraordinarios rebozos antiguos muestra una amplia gama de trabajo de fleco notable y elaboradamente decorado. En todas las instancias, los hilos teñidos mediante *ikat* en la porción tejida de la tela influyen en los diseños del trabajo de los flecos. Algunos autores opinan que en el siglo XVIII y a principios del siglo XIX, los rapacejos triangulares se elaboraban con el método de trenzado;

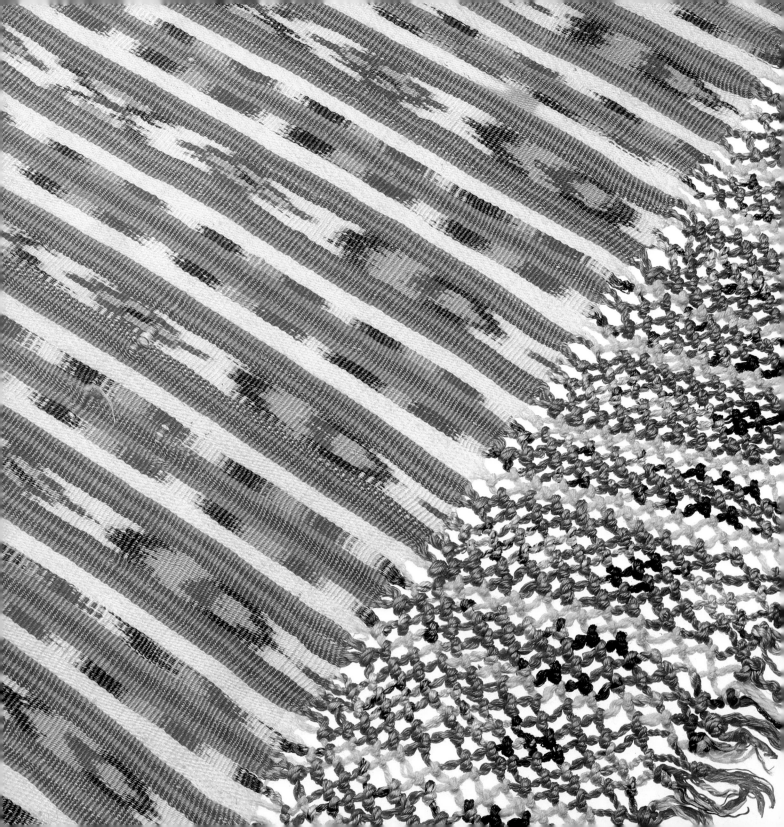

después, los rapacejos se hacían comúnmente mediante la técnica del anudado.[11] En lo que concierne al trabajo de fleco, los antiguos mexicanos estaban familiarizados con una diversidad de técnicas de trenzado y anudado. Esto es evidente en las numerosas representaciones de flecos sencillos y decorativos que aparecen en los códices, frescos y estelas, así como en los restos de telas recuperados en varias cuevas secas y en el Cenote Sagrado de Chichén Itzá, Yucatán. El conocimiento de estas técnicas estaba presente; los estilos de ornamentación pudieron haber cambiado con el paso del tiempo y las influencias externas.

NOTAS

[1] Teresa Castelló Yturbide ilustra varios rebozos bordados antiguos que muestran listas de urdimbre teñidas a la manera *ikat*, (figs. que aparecen en las pp. 36-39).

[2] "Descripción de los rebozos" por el embajador Robert Everts. El Museo Franz Mayer adquirió 18 de estos rebozos.

[3] Bühler, p. 1586; Schevill, p. 62; Davis, p. 324.

[4] Bühler, p. 1586.

[5] Bühler, p. 1586; O'Neale, p. 40; Davis, p. 324.

[6] O'Neale, p. 26.

[7] Johnson, pp. 137-148, fig. 14, Pl. 11.

[8] Mastache, pp. 251-262, fig. 11.

[9] Sayer, p. 107.

[10] Elizabeth Cuéllar es de la opinión que es posible que este "fleco falso" sea un trabajo de reparación.

[11] Quijano, p. 75.

Chloë Sayer COLORES Y FORMAS DEL REBOZO

na fría y gris mañana londinense del otoño de 1992 tuve el privilegio de ver, por primera vez, una extraordinaria colección de rebozos formada en México, justo al inicio del siglo, por Robert Everts. Delicadamente doblados entre capas de papel de seda, habían sobrevivido casi intactos durante décadas. Sus bordados estaban tan claramente definidos y sus colores tan vívidos como cuando eran nuevos. Es justo que estos importantes textiles vuelvan ahora a su lugar de origen, para estimular la habilidad artística y la visión de las tejedoras y bordadoras, y para ser admirados y disfrutados por el pueblo de México.

La Colección Robert Everts abarca un período de aproximadamente 150 años, desde mediados del siglo XVIII hasta 1900. Gran parte del hilo de seda teñido[1] que se requería para estos textiles debió importarse de Europa, junto con el hilo metálico utilizado en los rebozos (pp.29, 40, 47). Es casi seguro que los hilos de algodón y parte del hilo de seda fueran fabricados en México, donde también se producía seda, si bien en cantidades fluctuantes.

Aunque las materias colorantes sintéticas alcanzaron popularidad en Europa, Estados Unidos y América Latina después de la segunda mitad del siglo XIX, muchos de los colorantes representados en esta colección son de origen natural y se basan en fuentes vegetales, animales y minerales. Los métodos tradicionales de teñido requieren de destreza, paciencia y trabajo duro; las tareas ocupan varias horas o incluso días. Aunque algunos tintes son permanentes y tiñen la fibra directamente, otros requieren de mordientes para fijar los colores al

Rebozo cuyas bandas de urdimbre, de bordado de ikat*, se alternan con listas de hilo sin teñir.*

hilo. En esta segunda categoría, los hilos son sumergidos primero en el mordiente y a continuación en el baño de tintura o, de manera alternativa, se sumergen en una solución que combina ambos; incluso si se utilizan con la misma materia colorante, los distintos mordientes pueden producir una amplia gama de tonos y también aumentar sustancialmente la gama del tintorero. También hay una tercera categoría de tinte que requiere de oxidación.

En México, los tejedores han utilizado desde la antigüedad plantas, frutas, cortezas, raíces, hojas y varios tipos de madera.[2] El índigo del Nuevo Mundo (*Indigofera anil*) posee buena firmeza de color y tiene un rango desde el azul claro más sutil hasta el azul más oscuro, casi negro. En esta colección es el color predominante en muchos rebozos (pp. 37, 42, 43), aunque también está presente en otros. Durante el proceso de teñido, las hojas y demás partes de la planta de índigo están sujetas a fermentación en una solución alcalina. Los hilos son sumergidos en el baño de tintura: después de cada remojo, se cuelgan a secar para que el tinte pueda oxidarse y el color volverse más intenso.[3] Usado desde mucho antes de la conquista, el índigo siguió siendo una materia colorante de importancia en el México colonial y en el siglo XIX. Para los ejemplares de esta colección probablemente se utilizaron, entre otras materias colorantes de origen vegetal, el palo de Brasil (*Haematoxylon brasiletto*) y el palo de Campeche (*Haematoxylon campechianum*), para obtener los colores tostado, rojo óxido y rojo amoratado; las semillas del anato (*Bixa orellana*) para obtener tonos anaranjados; barba del maíz, la planta parasítica *zacapalli* (*Cuscuta americana*) y otras fuentes vegetales para crear una gama de amari-

llos. Para obtener el verde, el hilo teñido de amarillo a menudo se teñía de nuevo con azul (p. 44).

Las sustancias inorgánicas tales como la cal, el alumbre y el cromo, desempeñaron un papel vital en muchos de estos procesos de teñido. El yeso y los ocres proveían pigmentos estables al ser mezclados con otros elementos. A menudo se utilizaba el óxido de hierro para crear el negro; el hierro viejo, dejado en agua para su descomposición, proporcionaba la base para un tinte rico y de olor penetrante. Cuando los rebozos se tejían con hilo teñido de esta manera, conservaban un olor permanente y se denominaban "de olor".[4] En esta colección el rebozo de la página 47 incorpora un número de detalles bordados con seda teñida de negro. A lo largo de los años, el hilo ha sido corroído por el colorante que quizá fue producido con este método. Una suerte similar ha corrido la seda bordada teñida, de negro, de algunos otros rebozos primitivos.

Durante la época colonial los embarques a Europa de la cochinilla mexicana (*Dactylopius coccus*) ocupaban el segundo lugar, después de los metales preciosos.[5] Los insectos domesticados proporcionan la mayor cantidad de tinte; el color final que se logra lo determina la elección del fijador (el alumbre, el baño de cal y la sal siguen siendo popula-

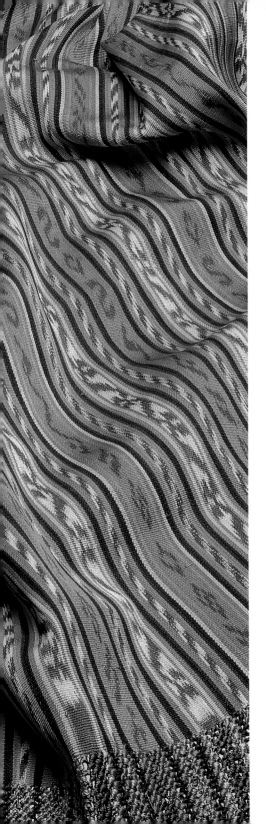

res entre los tejedores contemporáneos), y por medio de los métodos utilizados para tratar los insectos: éstos, secados al sol, dan rojo carmín, pero si son tostados en parrillas o hervidos se vuelven negros y rojo parduzco, respectivamente. Es posible que los rebozos (pp. 40, 45) incorporen seda teñida con cochinilla. El tinte de molusco (*Purpura patula pansa*) no parece estar representado en la colección.

El arte del tejido en telar de cintura ya ha sido descrito por Irmgard Weitlaner Johnson. Los textiles de ligamento pesado, de tejido sencillo con líneas paralelas de color o bordado se han producido durante incontables siglos en México en este tipo de telar de cuerpo tensor. El rebozo, que incorpora una sola red de tela rectangular, es ideal para el diseño rectilíneo. En un rebozo (p. 29) el plano se divide en listas de urdimbre de varios anchos que, juntas, forman 12 secuencias idénticas con listas adicionales a lo largo de ambos bordes. Aunque el ojo ve el conjunto entero, son más de diez los cambios de color que se combinan para crear este efecto.

En conjunto, estas telas hacen recordar una época desaparecida, evocada memorablemente por José Agustín Arrieta, Eduardo Pingret, Fanny Calderón de la Barca y muchos más. Pero las habilidades que informaron estos espléndidos rebozos no se han perdido del todo. El *ikat* sigue siendo la forma más admirada de decoración de rebozos en México. El bordado puede ser denso o ralo, según el costo, pero los fabricantes siguen utilizando nombres como "lluvia" o "llovizna" para describir los diferentes estilos. Quizás los rebozos de esta colección sirvan de inspiración a los teñidores y tejedores del futuro, y logren garantizar la supervivencia de la forma artística del rebozo mexicano.

NOTAS

[1] En su libro *Historia y arte de la seda en México*, Teresa de Maria y Campos y Teresa Castelló Yturbide incluyen una selección de muestras de seda del siglo XIX, provenientes de Francia, que muestran la gran variedad de tonos.

[2] Véase *Colorantes naturales de México,* por Teresa Castelló Yturbide.

[3] Para un panorama general del teñido con índigo, véase *Indigo Textiles: Technique and History,* por Gösta Sandberg.

[4] Aún utilizado ocasionalmente en los pueblos de Tejupilco, Estado de México y Santa María del Río, San Luis Potosí, este procedimiento ha sido descrito por Ruth Lechuga en *Las técnicas textiles en el México indígena.*

[5] La cochinilla domesticada se alimenta de un cacto huésped que pertenece al género *Opuntia* o *Nopalea.* Las hembras preñadas se establecen, o se "siembran", en los nodos de las plantas. La cochinilla salvaje también puede encontrarse en cactos no cultivados, pero el rendimiento del tinte no es tan bueno. Véase *Silk Raising in Colonial Mexico,* por Woodrow Borah (Berkeley,1943); también *Spanish Red: An Ethnographical Study of Cochineal and the Opuntia Cactus.*

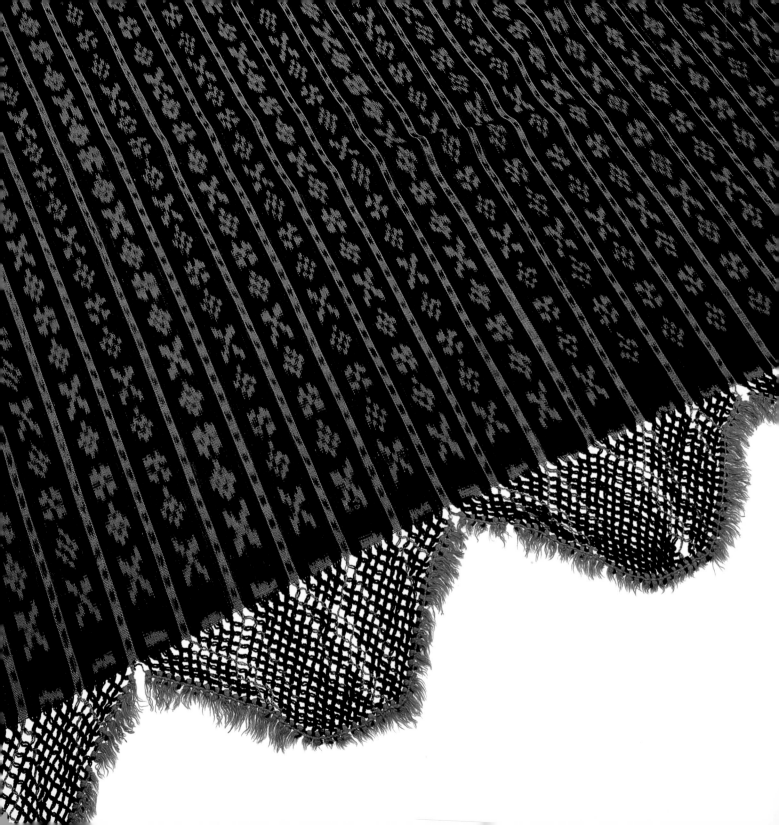

INTRODUCTION

Héctor Rivero Borrell M.

Perhaps one of Franz Mayer's greatest achievements as a collector was the vast amount of art objets he acquired abroad and incorporated as part of Mexico's cultural heritage, especially those Mexican works which, for various reasons, had been removed from the country.

Some years ago, in following the collector's praiseworthy cause, the Board of Trustees that regulates the legacy bequeathed by Franz Mayer authorized the museum's late founding director, Eugenio Sisto, to purchase a Mexican folding screen that had been removed from Mexico. On account of its formal characteristics, this work constitutes a masterpiece of Mexican applied arts, and its purchase has established certain tendencies with regard to acquisition policies followed by the Franz Mayer Museum.

Now, as we embark upon a joint publishing venture with the prestigious magazine *Artes de México*, we have decided to highlight a magnificent collection of vintage rebozos recently acquired by the museum. These rebozos, which have been preserved in Europe until now, formed part of the collection owned by Robert Everts, a diplomat in Mexico at the beginning of this century.

We would like to thank Irène Logan, the daughter of Ambassador Everts, who, having inherited her father's collection, devoted her time to preserving and documenting the works under her care. We would also like to thank Raúl Ortiz y Ortiz, Mexico's cultural attaché in London, who served as the liaison enabling the Franz Mayer Museum to make this important acquisition. Finally, we would like to extend our thanks to the British Museum and Elizabeth Carmichael, who first presented us with this opportunity, and to those experts whose devoted contributions to this publication will lead to the deserved appreciation of the Mexican rebozo.

ROBERT EVERTS (1875-1942): THE COLLECTOR

Irène Logan

In 1902, a young diplomat named Robert Everts was appointed to the Belgian Legation in Mexico City. He was only 26 at the time, and the four years he was to spend in Mexico would make a lasting impression on him. The Belgian Legation was small, but he had the good fortune to have as Minister the Vicomte de Beughem who had become extremely interested in Mexican decorative arts. The influence of Beughem must have steered the young Everts, my father, in that direction because soon he began collecting such objects, mostly in the colonial style of which there were many examples on the market. This was a time when they were little esteemed and hence not very expensive. Everts became very appreciative of them and bought widely as his experience and judgment developed. His interests became widespread; throughout his life he was particularly interested in textiles, and he put together with great expertise a collection of twenty-one rebozos, some of them dating from the eighteenth century, none more recent than the nineteenth century, most of them made of silk, some of cotton, and all except three of *ikat* weave, that difficult craft which is still practiced in Mexico. When he bought the rebozo which he called "the Tolsá" (having the name Ignacia Tolsá woven in black into the white "feathery" fringe) he wrote in a letter that, according to general consensus, "it was the finest which could be found then." Sadly the Tolsá rebozo is among the three which are missing from the collection now.

He also collected ancient sarapes, beadwork, pairs of delightful narrow bands, woven with gold and silver thread, which he called *jaratelles* (garters). Among other decorative arts, he collected many pieces of ancient Puebla ceramics, of La Granja cut and gold painted glass, of molded pulque glass, and several pieces of colonial silver. His collection of religious embroidered vestments was known, and the dealer Duveen, when he came to Mexico, tried to persuade my father to sell him one of his sets. My father also bought some furniture (which for the most part he did not retain) but we still have two superb chests, one c16 with three huge locks and keys, all different, and one smaller, carved with vines and grapes on a faded red ground. Among his outstanding collection of wrought iron work—*hierros forjado*—are various articles such as locks and swords, and in particular a comprehensive set of equestrian equipment, including sixteenth-century spurs with extraordinary long points, and huge stirrups decorated with silver. During the 1914-1918 war, when he was posted in Beijing, he lent this whole collection to an armoury museum in Brussels where it was exhibited and much prized.

My father traveled widely throughout Mexico, often by mule. Sometimes he was on official duty, like on his tour to Nuevo León, Durango, Chihuahua, Sonora, Baja California, Nayarit and Jalisco, as well as to Veracruz, Colima and Guerrero; other times he went privately to Puebla, Jalapa and Lake Chapala. He developed a love for Mexico which lasted all his life. He was from a reasonably well-to-do family, but he must have spent all his spare money on the innumerable artifacts which he acquired—such was his interest. When he was eventually posted elsewhere, he took his precious Mexican treasures with him—to Romania, to Paris, to Beijing twice, to Berlin and Madrid. The hierros forjados were shown in three large custom-built showcases. Many other objects were displayed, but not the textiles which were always kept locked away. This accounts for their remarkable condition.

As Belgian Ambassador to Madrid in 1932, his Mexican colleague was Genaro Estrada, who enthusiastically mentioned his collections in articles in the *Revista de Revistas* (October and November, 1935.)

From his days in China he acquired many items, among them a comprehensive collection of textiles, silk tapestries called *kessu*, of which he had examples of every main period.

I was aware how attached he was to his Mexican collection and after his death in 1942, I considered myself the guardian thereof. Now that such great awareness of its heritage has developed in Mexico, I was delighted when the prestigious Franz Mayer Museum displayed an interest. My father's sojourn in Mexico overlapped with that of Franz Mayer, as evidently did their love for things Mexican. It has been a joy to me knowing that my father's precious treasures have found a home where they will be well conserved and appreciated. That they will be known as the Robert Everts Collection gives me the feeling that my father's lifetime work now begins a new life of its own.

INDIGENOUS ANTECEDENTS OF THE REBOZO

Ruth Lechuga

The rebozo—a long and narrow cloth with knotting and fringe at each end—is represented by two manifestations that continue to exist in the contemporary indigenous world: the classic and the regional indigenous rebozo.

THE REGIONAL INDIGENOUS REBOZO

The rebozos worked by the Purépecha people of Paracho, Michoacán are extraordinary. They feature two shades of blue stripes with two colors of the silk-floss fringe forming patterns that produce an effect similar to that of featherwork art (from which they were probably inspired.) Also striking are the intricate borders on rebozos from the Zapotec people of Yaganiza, Oaxaca; the triangular knotting which creates figures of animals and stars in the work of the Otomí people of Dongú, State of Mexico and Santa Anita Zacuala, Hidalgo, as well as the borders on the wool rebozos woven with natural dyes by the Nahuas of Hueyapan, Puebla, among many others.

THE CLASSIC REBOZO

The classic rebozo is made of cotton, silk or silk floss and its marbled pattern is achieved through *ikat*, an ancient technique that uses a tie-dying method.

To date no pre-Hispanic weavings that feature the ikat technique have been recovered. However, Irmgard Weitlaner Johnson has noted that cloaks offered as tribute are featured in the Codex Mendoza. These appear to be made with this variety of dye (p. 14). The text alludes to "400 loads of henequen wraps patterned and streaked in color and black and white." This passage refers to the Otomí, Matlatzincan and Ocuiltecoan territories and the regions of Toluca and Malinalco. It is a known fact that the Otomí people were particularly skilled in all kinds of weavings, especially in the weaving of *ixtle*, which in the sixteenth century was usually called henequen.

Sahagún also recounts these women's talent for creating blankets, petticoats and *huipiles*. "All of them made the above mentioned, with thread from the maguey spears which they took from the plant and processed." In fact, until the mid-twentieth century the Otomí people from Mexquital, Hidalgo and from the Tolimán region in Querétero wove belts and *quechquémitls* with the ikat technique, in addition to sewing and weaving with ixtle (maguey fiber), to make a cloth known as *ayate*.

Actually the rebozos were made in specialized centers such as Tenancingo, State of Mexico; Santa María del Río, San Luis Potosí, and other places of lesser importance such as Tejupilco, State of Mexico; Zamora and Tangancícuaro, Michoacán; Chilapa, Guerrero and Moroleón, Guanajuato. They are sold in all Mexican markets, especially Indian markets.

It is important to note that almost all of the places mentioned are found in regions with large indigenous populations: Tenancingo and Tejupilco were Matlatzincan villages, Santa María was an Otomí center, Chilapa is surrounded by Nahuatl settlements and Tangacícuaro is in Purépecha territory. Until the mid-twentieth century rebozos were also produced in the city of Oaxaca, which was located in the midst of Zapotec villages.

AYATES

It remains uncertain whether the rebozo, as it is used today, existed in pre-Hispanic Mexico. In many sixteenth-century documents, there is evidence of cloths used to carry all kinds of objects. In the Vaticano-Ríos and Telleriano Remensis codices—which describe the pilgrimage of the seven tribes, including the Mexica, from the caves of Chicomostoc—men appear carrying bundles wrapped in pieces of cloth (p. 15). In the Codex Boturini, also known as the *Tira de la Peregrinación* (Story of the Pilgrimage) that narrates the departure of the Mexica people from Aztlán, there are three priests followed by a woman (p. 12). All carry various parcels wrapped in cloth on their backs. The first priest carries Huitzilopochtli, god of war, in the same way that women today carry their children.

In his *Historia de las Indias de Nueva España y Islas de Tierra Firme* (History of the New Spanish Indies and the Islands of Terra Firma), friar Diego Durán describes the opening of the dams that brought water to Mexico (p. 16). In the same passage, three priests are presented carrying their bundles alongside the floodwaters, the first dressed as the goddess of water. These cloths, used to carry things, could be considered a pre-Hispanic version of the rebozo. However, it seems odd that those who used these cloths are men because women generally have used them since the colonial era. It is possible that they are *ayates*: henequen wraps made from two cloths used by pre-Hispanic men and women.

THE *MAMATL* AND *COYUCHI* COTTON

A unique case is that of the wedding in the Codex Mendoza (p. 17): an Amantec shamaness carries a bride on her back using a long and rectangular cloth. The bride wears a similar cloth over her head. This cloth is reminiscent of the *mamatl* from the Cuetzalan region of Puebla, woven on a backstrap loom. Along the length of both borders are bands of *coyuchi* cotton, while the center features a white cotton stripe. Coyuchi is a type of brown cotton that exists only in America. It was highly valued by many pre-Hispanic cultures as it still is today. Thanks to the Codex Mendoza, we know that coyuchi cotton was offered as a tribute to the Mexicas: "400 parcels of cotton, all tan colored."

Because of the enumerated antecedents, one can deduce that at a given moment in the colony a technique from a pre-Cortesian era was applied to those cloths that were perhaps used in pre-Hispanic Mexico.

Despite the abundance of different types of fringe work in the pre-Colonial era (as can be seen, for example, in the Codex Nuttall), it is likely that this element was gradually incorporated in the rebozo. Originally their borders were very small and began to grow considerably up until the twentieth century. The borders may be an addition to the rebozo cloth that is probably the result of a miscegenation.

VICEREGAL REBOZOS

Teresa Castelló Yturbide

The wrap known as a rebozo, the quintessential Mexican garment, is mentioned by name for the first time in 1572, by the Dominican friar Diego Durán. Earlier, Vasco de Quiroga, Bishop of Michoacán from 1537 to 1565, had issued ordinances for Hospitalers stipulating that women "should wear white cotton toques, with which to cover their heads and the rest of their bodies over the other garments they accustom to wear." Similar rules probably applied in other places. An English merchant, Henry Hawks, noted in 1572 that indigenous women used to conceal themselves behind a "very fine shawl that shrouded them from the head to midway down the leg." He also recalled visiting Puerto de Natividad, where he saw among the many Oriental goods unloaded from the Manila galleon, "a variety of silk fabrics and others woven of silver and gold, wonderful to behold."

At this time, silk was produced in Oaxaca, and rebozos incorporated a cotton weft; later, metallic threads were introduced. They were tinted with natural pre-Hispanic dyes, such as cochineal and indigo, using the ikat technique.

Viceroy Luis de Velasco established textile workshops in Texcoco in 1592. The Royal Audience's regulations for the weavers did not apply to Indians, "who are free to elaborate their artifacts without accounting to anyone, without restriction or impediment to their own ways of earning a livelihood." The women wove on pre-Hispanic backstrap looms, and the men on pedal looms introduced by the Spanish.

A CLOTH WRAP

Between 1603 and 1607, Ana Mejía, wife of Viceroy Juan de Mendoza y Luna, Marquis of Montesclaros, presented her chambermaid's daughter with "a rebozo panel from Sultepec, white and blue," to mark her entrance into a convent. This was one of the regulation garments for novices, as recorded in the books of the Regina Coeli order of Concepción. Sultepec was an Otomí village renowned for its textiles.

In an inventory of the property of deceased nuns, we find a "cloth wrap" that had belonged to Sor Inés de la Asunción, of the Encarnación Convent, in 1682, and another left by Sor Leonor de San Juan in 1687, "which was too worn to sell." Around 1688, a sculpture of Jesus the Nazarene was installed in the convent of Santa Catarina de Siena. Legend has it that when a nun of this devotion fell ill, the Lord visited her, giving life to the sculpture. Returning to the chapel across the courtyard, the rain was so heavy that the nun covered the Lord's head with her rebozo. The next day, the sisters found the image of the Savior still draped with the sick nun's rebozo. This gave rise to the cult of the Señor del Rebozo, who is venerated on the first Friday of Lent in the church of Santo Domingo. Among the documents kept by the Notary Archive in Zacatecas, there is mention in 1694 of a silk and gold rebozo from La Barca, valued at 47 pesos, and two others, one blue and one of *coapaxtle*, valued at 9 pesos.

NEW ORDINANCES

During the eighteenth century rebozos reached their peak quality, due to the fact that the Royal Audience intervened in 1757 with precise specifications for their manufacture, signed by the Marquis of Cruillas. These ordinances laid down rules for size, weave, yarn type and designs.

In 1794, the outgoing Viceroy, second Count of Revillagigedo, left secret instructions to his successor the Marquis of Branciforte, explaining the rebozo: "This is an article of female attire, worn by all from the most elevated ladies to the lowliest wenches, and even by nuns." In 1796, it was the Marquis of Branciforte's turn to issue new regulations for rebozo making, imposing a particular twist of silk and cotton.

In 1784, a mother-of-pearl and gold rebozo belonging to the Countess of San Bartolomé sold for 20 pesos. However, noble ladies were not satisfied by the rich textiles and designs, influenced by contemporary baroque and the flower-embroidered silk shawls imported from China. They sought to embellish them further by adding landscapes and notable events or folkloric scenes, embroidered in silk. Some stitched these designs with their own fair hand, but most were executed by professionals, especially after Viceroy Diego de Mendoza decreed in 1546 that all craftsmen or women should be tested by an overseer before being licensed to practice. Their guild was dedicated to the Virgin of Sorrows, worshipped in the Amor de Dios hospital.

It is apparent that these rebozos decorated with landscapes were woven to leave empty spaces between each band, to be decorated with a range of embroideries. Several have been preserved in Mexico City, known by the traditional names with which their owners had christened them. Among these "landscape" rebozos, is one that was acquired by the Franz Mayer Museum, which is known as La India Cacique. In its center is an escutcheon that makes an alegorical reference to the union of indigenous Mexico and Spain. It may have well belonged to an Indian princess married to a Spanish nobleman. All these may well have been produced in Sultepec, whose local cacique in 1573 was Diego Cortés

Chimalpopoca. The weaving tradition persisted in this community until the nineteenth century.

It would be rash to attribute a definite provenance to each of the rebozos in the Robert Everts Collection. However, we may identify some rebozo-making centers, relying on the records in Notary Archives which also list the names of the most common designs. In the Morelia Archive, in 1768, there is mention of old Salomonic rebozos, black with silver fringes; a fine Puebla example and another common one, a rebozo from the Sierra, a rebozo from the state of Mexico, one all-silk item from Sultepec, and one ordinary piece from Ozumba.

In the state of Mexico there were also some famous pieces from Tenancingo, Tuxtepec, Xilotepec, Tejupilco and Calimaya. The latter village was famous for the refinement of its stitching.

Also worthy of notice are Santa María del Río in San Luis Potosí state, Zamora in Michoacán, Tulancingo, Acaxochitlán and Zimapán in Hidalgo, and Chilapa in Guerrero.

Toward 1789, the city of Puebla boasted two hundred rebozo workshops, specializing in gold and taffeta. In Saltillo, Coahuila, they were woven in the style of sarapes, ornamented with zigzag patterns.

By the end of the eighteenth century, the rebozo had clearly become an indispensible garment and traditional art in Mexico.

A TECHNICAL DESCRIPTION

Irmgard Weitlaner Johnson

The magnificent rebozos forming part of the Robert Everts Collection were woven on the backstrap loom. This simple weaving device has been in use in Mesoamerica since pre-Hispanic times. The basic weave represents a plain warp-faced type of interlacing. The materials employed include finely spun silk, white and brown (*coyuchi*) cotton, and gold and silver threads. Several techniques were used to create a variety of decorative patterns, namely warp and weft stripes, warp tie-dye or *ikat*, embroidery, knotted and plaited fringes, and tassels. Embroidered motifs were worked in variations of the running stitch, outline stitch and satin stitch. The embroidery was done on a cotton ground with silk and silver threads. Different colors were introduced to embellish these fine old shawls: indigo blues, yellows, greens, reds and cochineal red, pinks, browns, black, beige and *coyuchi* tan, orange and purple. Their vividness and quality have been extraordinarily well preserved. No two rebozos are alike.

Several of these unique rebozos date from the colonial period, two being from the mid-eighteenth century. A rare old silk embroidered rebozo (p. 27), dating from about 1750, is still in excellent condition. Another outstanding one (p.29), dated about 1760, is woven in bands of gold thread and colored silks. These two old specimens do not exhibit ikat-patterned designs.[1] Other rebozos in the collection are probably from the nineteenth century.

The sizes of these hand-loomed fabrics vary. The longest, done in silk and fine cotton, measures 2.41 m, while the shortest, in fine silk, is 1.98 m long. Average lengths are approximately 2.17 m; these measurements do not include the fringe work. Widths range from 63.5 cm to 82.5 cm; the average is about 74.7 cm.

All but two rebozos are patterned by the warp-ikat process. Two are ornamented with embroidered motifs, arranged within groups of warp stripes or within squares of woven, plaid-like patterns (p. 40). The wide bands on another rebozo (p. 47), embroidered with scenes of figures in Louis XV costumes, are bordered by lengthwise-striped units exhibiting geometric motifs, which may be an embroidered version of a traditional ikat pattern of stepped chevrons. The rebozo dated 1760 (p. 29), is woven in solid-color bands or warp stripes, "of gold thread and red and pink silk."[2]

Ikat

There are three variants of yarn tie-dye or ikat technique: warp tie-dye, weft tie-dye and warp-weft tie-dye (double ikat). In Mexico, only the warp tie-dye method has been practiced.

Ikat is a process for the partial dyeing of the warp yarn that is patterned before it is set up on the loom to be woven into cloth. The word ikat—*mengikat*— is of Malay origin meaning "to tie, to bind, to knot or wind around." In Mexico and Guatemala, the method is known as *jaspe* yarn or *jaspeado*. In this process those parts of the weaving yarn which are to be "reserved" (to retain the original color of the yarn) are tightly bound or tied in a predetermined set of wraps with string (*ixtle* or cotton), thereby protecting them against the penetration of the dye.[3]

Textiles patterned according to the ikat method may be recognized by the fact that the colors merge into each other. This typical appearance of ikat weave is due to the dye entering slightly into the edges of the reserved areas, thus having characteristic blurred outlines.

The appearance of an ikat pattern is very much dependent on the weave. The pattern is clearest when the set of solid-color wefts remain entirely covered, as is the case in the warp-faced plain weave of the rebozos.[4]

The first step before applying the resist is the warping of the yarns, to be ready to set up the loom. This results in a skein of yarn that is as long as the desired length of the garment and that contains as many yarns as are required for the width of the fabric. The resulting skein is then divided into groups of warps which are known as sets (differing pattern units). These sets of yarns are dyed separately.[5] The weaver prepares as many sets as are necessary for the different widths of pattern stripes for the textile he or she is going to weave. As a rule, the ikat design stripes alternate with solid-color warp stripes.[6]

For ikat work the design is generally executed from memory, as the designs are usually traditional. First, those parts which are to retain the natural color of the fiber are protected; later, in parts of the warp which are to be dyed still other colors are protected. Each wrapping is made of short strips of ixtle or cotton string, wound around the warp yarns and knotted to resist the dye bath.

For example, three rebozos (pp. 35, 42, 43) are patterned indigo blue on a white ground, indicating that the set of yarns was only wrapped and dyed once. Another rebozo (p. 32) exhibits warp sets containing two ikat-dyed colors—yellow and green—in addition to the natural color of the silk ground. A further example of a two-color ikat stripe has a vertical combination of yellow and wine red (p. 36). Similarly, the reserves applied to the parts which are to be dyed a third color, are tied separately. One rebozo (p. 38) exemplifies a complex three-color resist motif: sets of silk yarns are dyed in a sequence of cochineal red-yellow-cochineal red-white-blue-yellow-cochineal red and white.

After completion of the dyeing process, the sets of warp yarns are taken out and left to dry. Subsequently, the wrappings are removed, leaving the reserved areas the color of the original yarns, and the unprotected areas dyed the planned colors. There is no direct evidence of the yarn tie-dye technique in Mesoamerica in pre-Hispanic times. There is, however, evidence of the existence of the batik or wax reserve method, as exhibited on a cotton textile from Chiptic Cave in the Maya area.[7] Moreover, two early examples of *plangi* (cloth tie-dye) were recovered from a cave in the region of Tehuacán, Puebla.[8] It is, therefore, not improbable that the ikat method of resist patterning was known in Mesoamerica.

FRINGES

All rebozos exhibit an additional decorative feature, namely, plaited or braided or knotted fringe work. Different types were used to create a variety of remarkable effects. Some represent simple and short finishes, other are elaborately wrought. None are as wide and as deep as present-day fringes (*rapacejos*).[9] The fringes of rebozos in the Everts Collection range from 5 cm to 13.5 cm in length, the average being about 9.9 cm.

The plain fringe displays a row of grouped warp ends that are gathered and knotted along the borders of the fabric; the short ends are left to hang loose.

Another type shows warp ends worked into three-strand braids which are subsequently fashioned into rows of triangles. A net-like mesh is obtained by having adjacent pairs of braids "cross" each other in such a way that one braid (left) goes through the second braid (right); they are not knotted. Four rebozos exhibit this method (pp. 31, 40, 45). Unfortunately, their original arrangement has become quite damaged.

A variant of the above has the warp ends twisted into cords, which are then worked into a series of triangles. Two adjacent cords work together: the left cord passes through the right cord to form a small-mesh net. One rebozo, which is in good condition (p. 35), is bordered by a separately woven weft-fringe; its five handsomely worked triangles exhibit part blue and part white dyed areas. Weft-fringes appear also on other rebozos (pp. 25, 43, 44).

Several rebozos, all having fringes elaborated by triangles, display an exceptional combination, namely, paired elements which consist of a twisted cord and a three-strand braid; the former goes through the latter to create an open-mesh net ground. An antique silk embroidered rebozo has an unusual fringe composed of three-strand flat braids arranged into triangles of lattice work; at the points where two braids meet are decorations of bits of colored silk floss (p. 47).

Some rebozos have relatively deep fringes which exhibit horizontal bands formed by rows of knots (single half hitches) that create a fairly closed mesh. The ikat-dyed warp yarns produce a secondary striped pattern in the fringe (pp. 30, 33). One specimen was executed in such a manner as to give a diagonal effect to the design and color (p. 37).

One antique shawl differs from all others in that it has a 7 cm deep, separately woven weft-fringe of silk that is sewn to both end selvages. The silk strands are arranged in blocks of a blue-yellow-pink color sequence (p. 29).[(10)]

Finally, there are beautiful fringes elaborated into rows of triangles, done by a combination of braided and twisted cords to form an open-mesh net ground for the *appliqué* of colored silk floss. Other examples of knotted triangles serve as background for an appliqué of colored silks that create patterns of floral, animal and geometric motifs. Decorative tassels are placed along the outer edges (p. 36). This appliqué method may represent an imitation of ancient featherwork.

This collection of fine old rebozos demonstrates a wide range of remarkable and elaborately patterned fringe work. In all instances the ikat-dyed yarns of the woven portion of the fabric influence the designs of the fringe work. Some authors are of the opinion that in the eighteenth and the beginning of the nineteenth centuries, triangular fringes were elaborated by the plaiting method; later, fringes were more often fashioned by the knotting technique.[11]

As far as fringe work is concerned, the ancient Mexicans were familiar with a variety of braiding, plaiting and knotting techniques. This is evidenced in numerous representations of plain and decorative fringes in codices, frescoes and stelae, as well as actual textile remains recovered from a number of dry caves and from the Sacred Cenote at Chichén Itzá, Yucatán. Knowledge of these techniques was present, though styles of ornamentation may have changed with the passage of time and with outside influences.

[1] Teresa Castelló Yturbide illustrates several embroidered antique rebozos exhibiting ikat dyed warp stripes, fig. on pp. 36-39.

[2] Notes on rebozos by Ambassador Robert Everts. The Franz Mayer Museum has now acquired eighteen of these rebozos.

[3] Bühler, p. 1586; Schevill, p. 62; Davis, p. 324.

[4] Bühler, p. 1586.

[5] Bühler, p. 1586; O'Neale, p. 40; Davis, p. 324.

[6] O'Neale, p. 26.

[7] Johnson, pp. 137-148, fig. 14, pl. 11.

[8] Mastache, pp. 251-262, fig. 11.

[9] Sayer, p. 107.

[10] Elizabeth Cuéllar is of the opinion that this "false fringe" may be a repair job.

[11] Quijano, p. 75.

COLOR, DESIGN AND CONTINUITY

Chloë Sayer

On a cold, gray London day in the autumn of 1992, I was privileged to set eyes for the first time on the rare and remarkable collection of rebozos assembled in Mexico just after the turn of the century by Robert Everts. Neatly folded in layers of tissue paper, they have come through the decades almost unscathed, their patterning as clearly defined and their coloring as rich as they were when new. It is fitting that these important textiles should now return to their homeland, so that the artistry and vision of the creators—the anonymous dyers, weavers, *empuntadores* and embroiderers—can be admired and enjoyed by the people of Mexico.

The Robert Everts Collection spans a period of approximately 150 years, dating back from 1900 to perhaps the mid-eighteenth century.

Much of the silk thread [1] required for these textiles would have been imported ready-dyed from Europe, together with the metallic thread used in certain rebozos (pp. 29, 40, 47). But the cotton yarns and a percentage of silk thread were almost certainly produced in Mexico where silk was also produced, albeit in fluctuating quantities.

Although synthetic dyes gained popularity in Europe, the United States and Latin America after the mid-nineteenth century, many of the colorants represented by this collection are of natural origin and rely on vegetable, animal and mineral sources. Traditional dyeing methods require considerable skill, patience and hard work, with operations taking several hours or even days. While some dyes are substantive and stain fiber directly, others require mordants to fix the colors in the yarn. With this second category yarns are dipped first in the mordant and secondly in the dye bath, or alternatively soaked in a solution that combines both; even if used with the same dye, different mordants can produce a wide range of shades and substantially enlarge the dyer's spectrum. There is also a third dye category requiring oxidization.

Plants, fruits, barks, roots, leaves and various types of wood have long been used by textile workers in Mexico.[2] New-world indigo (*Indigofera anil*) possesses good color fastness, and ranges from the most subtle light-blue to the darkest blue-black. In this collection it predominates in some rebozos (pp. 37, 42, 43) and is present in several others.

During the dyeing process, leaves and other parts of the indigo plant are subjected to fermentation in an alkaline solution. Yarns are dipped in the dye-bath: after each soaking, they are hung up to dry so that the dye can oxidize, and the color deepen.[3] In use long before the Spanish Conquest, indigo remained an important dye in colonial and nineteenth-century Mexico.

Other vegetable dyestuffs represented in this collection probably include brazil wood (*Haematoxylon brasiletto*) and logwood (*Haematoxylon campechianum*) to provide tan, rust-red and purplish-red coloring; the seeds of annatto (*Bixa orellana*) to furnish orange tones; corn silk, the parasitic plant *zacapalli* (*Cuscuta americana*) and other vegetable sources to create a range of yellows. To obtain green, yellow-dyed thread was often over-dyed with blue (p. 44). Inorganic substances, such as lime, alum and chrome, played a vital role in many of these dying processes. Gypsum and ochres furnished stable pigments when mixed with other elements. Often iron oxide was used to create black: old iron, left to decompose in water, provided the basis for a rich and strong-smelling dye. When rebozos were woven from thread dyed in this way, they retained a permanent odor and were termed *de olor*.[4]

In this collection one rebozo (p. 47) incorporates a number of details embroidered with black-dyed silk: over the years, the thread has been eaten away by the colorant which may have been produced by this method. A similar fate has overtaken the black-dyed embroidery silk of some other early rebozos.

During colonial times shipments of Mexican cochineal (*Dactylpius coccus*) to Europe ranked second only to precious metals.[5]

Domesticated insects provide the best yield of dye; the eventual color achieved is determined by the choice of fixative (alum, lime juice and salt remain popular with modern weavers), and by the methods used to treat the insects: sundried insects give carmine red, but if toasted on griddles or boiled they become black and brownish-red respectively. Several rebozos (pp. 44, 45) may

well incorporate cochineal-dyed silk. Shellfish dye (*Purpura patula pansa*) seems not to be represented here.

The art of backstrap weaving has already been described by Irmgard Weitlaner Johnson. Warp-faced, plain-woven textiles with parallel lines of color or pattern have been produced for countless centuries in Mexico on this type of body-tensioned loom. The rebozo, which embodies a single web of rectangular cloth, is ideally suited to rectilinear design. In another rebozo (p. 29) the plane is divided into warp stripes of varying widths which together form twelve identical sequences with additional stripes along both edges. Although the eye takes in the whole, it is worth noting the numerous color shifts that combine to create this effect.

Together these textiles conjure up a vanished age memorably evoked by José Augustín Arrieta, Eduardo Pingret, Fanny Calderón de la Barca and many others. But the skills that informed these marvelous rebozos have not been altogether lost. Nationally, ikat remains the most admired form of decoration for rebozos. Patterning may be dense or sparse, according to cost, but makers still have names such as *lluvia* (rain) and *llovizna* (drizzle) to describe different styles.

Perhaps the rebozos in this collection will serve as an inspiration to the dyers and weavers of the future, ensuring the survival of the art form that is the Mexican rebozo.

[1] In the book *Historia y arte de la seda en México*, Teresa de María y Campos y Teresa Castelló Yturbide include a selection of samples of nineteenth-century silk from France that illustrates the wide variety of hues availible.

[2] See *Colorantes naturales de México* by Teresa Castelló Yturbide (Mexico City, 1988).

[3] For a general overview of indigo dyeing, see *Indigo Textiles: Technique and History* by Gösta Sandberg (London, 1989).

[4] Although still utilized occasionally today in the villages of Tejupilco, State of Mexico, and Santa María del Río, San Luis Potosí state, this process has been described by Ruth Lechuga in *Las técnicas textiles en el México indígena* (Mexico City, 1982).

[5] Domesticated cochineal lives off of a host cactus that pertains to the species *Opuntia* or *Nopalea*. The pregnant females establishes itself, or nests, in the nodes of the plant. Wild cochineal can also be found in wild cactus, but its yield is of an inferior quality. See *Silk Raising in Colonial Mexico* by Woodrow Borah (Berkeley, 1943); also *Spanish Red: An Ethnographical Study of Cochineal and the Opuntia Cactus* (Philadelphia, 1977).

BIBLIOGRAFÍA

Armella de Aspe, Virginia y Teresa Castelló Yturbide, *Rebozos y Sarapes de México*, México, Grupo GUTSA, 1989.

Artes de México, "El rebozo", México, núm. 142, 1971.

Barrio Lorenzot, Francisco del, *Artes Ordenanzas de Gremios de la Nueva España*, México, Talleres de la Secretaría de Gobernación, 1920.

Beltrami Giacomo Constantino, *Le Mexique*, París, Ed. Crevot, 2 vols., 1830.

Borah, Woodrow, *Silk Raising in Colonial Mexico*, Berkeley, 1943.

Bühler, A., "The Ikat Technique", *Ciba Review*, Basilea, núm. 44, 1942.

Carrasco Puente, Rafael, *Antolobibliografía del rebozo mexicano*, Puebla, Centro de Estudios Históricos de Puebla, Imprenta Universitaria, 1960.

Carrillo y Gabriel, Abelardo, *El traje en la Nueva España*, México, INAH, 1971.

Castelló Yturbide, Teresa, *Colorantes naturales de México*, México, 1988.

Códice Boturini o Tira de la peregrinación, en *Antigüedades de México*, basado en la recopilación de Lord Kingsborough, Secretaría de Hacienda y Crédito Público, México, tomo 2, 1964.

Códice Mendocino, The Codex Mendoza, University of California Press, California, tomos 3 y 4, 1992.

Códice Nuttall, Codex Nuttall, Harvard University, Boston, 1902.

Códice Telleriano-Remensis, en *Antigüedades de México*, basado en la recopilación de Lord Kingsborough, Secretaría de Hacienda y Crédito Público, México, tomo 1, 1964.

Códice Vaticano-Ríos, en *Antigüedades de México*, basado en la recopilación de Lord Kingsborough, Secretaría de Hacienda y Crédito Público, tomo 3, México, 1964.

Davis, Virginia, "Resist Dyeing in Mexico: Comments on its History, Significance and Prevalence", *Textile Traditions of Mesoamerica and the Andes*, antología editada por M. B. Schevill, J. C. Berlo y E. B. Dwyer, Nueva York y Londres, Studies in Ethnic Art, núm. 2, 1991.

Del origen, uso y bellezas del traje propio de las mexicanas conocido bajo el nombre de rebozo; y del grado de perfección que recibió en Zamora, por obra de Don Vicente Munguía, Imprenta de Jesús Camarena, Guadalajara, 1851.

Desai Chelna, *Ikat Textiles of India*, San Francisco, Chronicle Books, 1987.

Durán, Fray Diego *Historia de las Indias de la Nueva España y Islas de Tierra Firme*, Editora Nacional, México, 1967.

Everts, Robert, Descripción de los rebozos coleccionados por Robert Everts en México (notas inéditas), *ca.* 1904.

Fernández de Recas, Guillermo S., *Cacicazgos y nobiliario indígena*, México, Instituto Bibliográfico Mexicano, 1961.

Hoyo, Eugenio del, *Plateros, plata y alhajas de Zacatecas*, Zacatecas, Instituto de Cultura de Zacatecas, 1986.

Instrucciones que los virreyes de Nueva España dejaron a sus sucesores, México, Biblioteca Histórica de Iberia, Imprenta de Ignacio Escalante, 1873.

Johnson, Irmgard Weitlaner, "Chiptic Cave Textiles from Chiapas, México", *Journal de la Société des Américanistes*, París, Nouvelle Serie XIII, 1954.
—, "Hilado y tejido", en *Esplendor del México antiguo*, Editorial del Valle de México, México, 1976.

Lechuga, Ruth, *Las técnicas textiles en el México indígena*, México, Fonart-Fonapas, 1982.

Larsen, Jack Lenor, *The Dyer's Art: Ikat, Batik and Plangi*, Nueva York, 1976.

Maria y Campos, Teresa de y Teresa Castelló Yturbide, *Historia y arte de la seda en México*, México, 1990.

Mastache de Escobar, Alba Guadalupe, "Dos fragmentos de tejido decorados con la técnica de plangi", *Anales del Instituto Nacional de Antropología e Historia*, México, época 71, IV, 1972-1973, 1954.

Moreno, Juan José, *Don Vasco de Quiroga*, México, Ed. Polis, 1940.

O'Neale, Lila M., *Textiles of Highland Guatemala,* Carnegie Institution of Washington, Publ. 567., Washington, D.C.,1945.

Peza, Juan de Dios, *Obras completa (leyendas históricas)*, México, Ed. Patria, 1946.

Quezada, Emilio, *La sierra escondida*, México, Las misiones de fray Junípero Serra, Ed. Nafinsa, 1986.

Quijano Castelló, Paloma, "El rebozo y la taracea, en Santa María del Río", *Santa María del Río: Un pueblo de artesanos*, México, Bancen Fondo Cultural, 1990.

Romero de Terreros, Manuel, *Las artes industriales de la Nueva España*, México, Banamex, 1982.

Romo, José, "Rebozos de Santa María", revista *Actualidades*, México, 15 de octubre de 1927.

Sahagún, Fray Bernardino de, *Historia general de las cosas de la Nueva España*, Editorial Alfa, México, 1955.

Sayer Chloë, *Costumes of Mexico*, Austin, University of Texas Press, 1985.

Schevill, Margot B., *Maya Textiles of Guatemala,* The Gustavus A. Eisen Collection, 1902, Austin, University of Texas Press, 1993.

Sustaita, Francisco A., *El rebozo de Santa María*, San Luis Potosí, Imprenta Lozano y Caballero, 1932.

Varios autores, *Ikat, una técnica textil*, Barcelona, Escuela de Artes y Oficios de Barcelona, 1990.

Wu Celia, "The Population of the City of Querétaro in 1791", Gran Bretaña, *Journal of Latin American Studies*, núm. 16, 1984.

NOTAS SOBRE LAS AUTORAS

RUTH LECHUGA. Estudió medicina en México. Es investigadora de arte popular desde hace más de 20 años. Trabajó en el Museo de Artes e Industrias Populares durante 17 años. Ha publicado *Traje indígena de México, Las técnicas textiles, La indumentaria indígena, Máscaras tradicionales de México* y *Mask Arts of Mexico.*

TERESA CASTELLÓ YTURBIDE. Investigadora mexicana. Es autora de *Cuentos mexicanos para niños, La comida prehispánica, El arte del maque en México, El traje indígena de México.* Es coautora, con Marita Redo, de *Biombos de México,* con Virginia Armella de Aspe, de *Rebozos y sarapes de México* y con varios autores de *El arte plumaria en México,.*

IRMGARD WEITLANER JOHNSON. Obtuvo la licenciatura en antropología y la maestría en técnicas textiles en la Universidad de California, en Berkeley. Es autora de *Design Motives on Mexican Indian Textiles* (dos vols.), Graz, Austria, 1976; y de *Los textiles de la cueva de la Candelaria*, Coahuila, INAH, México, 1977.

CHLOË SAYER. Investigadora en textiles, ha publicado *Crafts of México,* 1977; *Of Gods and Man,* con Ana Borsun, 1980; *Costumes of Mexico,* 1985; *Mexican Patterns,* 1990; *Arts and Crafts of Mexico,* 1990. Es también coautora de *Mask Arts of Mexico,* 1994.